El Pacific MIYISA BINAGHA

INTERLIGAÇÃO DE SÍTIOS REMOTOS ATRAVÉS DA INTERNET UTILIZANDO UMA REDE DMVPN

El Pacific MIYISA BINAGHA

INTERLIGAÇÃO DE SÍTIOS REMOTOS ATRAVÉS DA INTERNET UTILIZANDO UMA REDE DMVPN

ScienciaScripts

Imprint

Cover image: www.ingimage.com

This book is a translation from the original published under ISBN 978-620-3-42845-2.

Publisher:
Sciencia Scripts
is a trademark of
Dodo Books Indian Ocean Ltd. and OmniScriptum S.R.L publishing group

120 High Road, East Finchley, London, N2 9ED, United Kingdom
Str. Armeneasca 28/1, office 1, Chisinau MD-2012, Republic of Moldova, Europe
Managing Directors: Ieva Konstantinova, Victoria Ursu
info@omniscriptum.com

Printed at: see last page
ISBN: 978-620-8-56160-4

DEDICAÇÃO

Para a minha família.

AGRADECIMENTOS

O nosso agradecimento vai, em primeiro lugar, para Deus Todo-Poderoso, que esteve connosco até hoje e nos apoiou ao longo deste período de formação e da realização do nosso projeto. Aproveitamos esta oportunidade para agradecer à nossa família pelo seu grande apoio moral e espiritual, ao nosso pai, Rev. KASEREKA LUSENGE Joshua, e aos meus queridos irmãos e irmãs. Que a graça de Deus lhes seja concedida em abundância. Os nossos sinceros agradecimentos ao Secretariado Executivo Permanente do Gabinete de Centralização Geomática, através do seu Secretário Permanente, Ir. Cart. Cart. NGENDABAKANA Fréderic pela sua aprovação e facilitação do nosso estágio no Gabinete de Centralização da Geomática. Os nossos sinceros agradecimentos ao nosso Chefe de Departamento e Editor, KAPITA MUBAKILAY Christian, pela sua orientação e assistência e pela sua paciência em permitir-nos completar a nossa formação académica. Gostaríamos de agradecer à Universidade Espoir d'Afrique em geral, através do Reitor, pela nossa formação e particularmente ao nosso Capelão pelo seu apoio moral e espiritual, mas também a todos os professores pela formação que nos deram durante os nossos estudos. Os nossos agradecimentos vão para a nossa professora e supervisora, MSc. Ir. NIYONGABO Julius por todo o tempo que nos dedicou, pelo seu apoio e pelos muitos conselhos que nos deu constantemente para melhorarmos o nosso trabalho. Os nossos agradecimentos vão também para o Administrador Principal da Rede do Ministério das Finanças, Ir. HABONIMANA AUBIN. HABONIMANA AUBIN Teddy pela sua supervisão durante o curso.

Não podemos terminar sem agradecer a todos os nossos colegas, amigos e outros que, de uma forma ou de outra, contribuíram para o sucesso deste projeto. Só Deus, que tudo provê, saberá recompensar-vos pelo grande serviço que nos prestaram.

ÍNDICE DE CONTEÚDOS

PREÂMBULO

O mundo da tecnologia está constantemente a surpreender-nos com novos desenvolvimentos e descobertas no domínio das novas tecnologias da informação e da comunicação. Hoje em dia, temos mais vantagens do que em anos passados, uma vez que é cada vez mais fácil aceder à Internet a partir de qualquer lugar e em qualquer altura. As tecnologias da informação e da comunicação cobrem agora até os cantos mais remotos da Terra, nos países do Terceiro Mundo, onde as pessoas podem ligar-se à Internet e comunicar em todo o mundo, tal como acontece nos países desenvolvidos.

Graças à Internet, as empresas podem agora comunicar com as suas sucursais, fornecedores, clientes e parceiros a partir de qualquer parte do mundo, a qualquer momento e com um mínimo de equipamento.

A maioria das empresas tem uma forte necessidade de interligar os seus vários locais remotos a um local principal, mas também os locais remotos entre si, tendo em conta a segurança das comunicações.

Durante o estágio, tivemos o privilégio de nos familiarizarmos com a rede e as diferentes tecnologias que compõem o sistema informático. Pusemos em prática certas teorias estudadas na universidade mas nunca postas em prática até agora e descobrimos novas práticas de rede para enriquecer a nossa experiência profissional.

Este trabalho servirá de referência para determinar as razões e a importância da segurança das redes através de VPN no mundo das telecomunicações e qual a tecnologia VPN mais adequada para as grandes empresas que pretendem interligar os seus sítios remotos.

CAPÍTULO I
INTRODUÇÃO GENERALIDADES

O nosso estágio teve a duração de dois meses, incluindo 8 semanas, e decorreu de 16 de outubro a 15 de dezembro de 2017 no Secretariado Executivo Permanente do Gabinete de Centralização Geomática, gerido pela Segunda Vice-Presidência, no Edifício do Ministério das Finanças. Este trabalho apresenta em detalhe as actividades que pudemos realizar ao longo do nosso estágio. Durante este estágio tivemos o privilégio de conhecer a rede de todo o edifício do Ministério das Finanças, que tem 7 pisos, e as diferentes tecnologias que compõem o sistema informático de cada departamento do edifício. Foi uma experiência muito enriquecedora para nós, enquanto profissionais, pois permitiu-nos conhecer melhor o mundo do trabalho. certas práticas do mundo profissional da nossa área. Graças a este estágio, tivemos a oportunidade de ir para o terreno instalar redes e ficámos com uma ideia da responsabilidade de um engenheiro no domínio das telecomunicações. O objetivo deste relatório é apresentar as actividades realizadas durante o estágio e mostrar as novas técnicas que aprendemos para aprofundar os nossos conhecimentos no domínio das redes. Em primeiro lugar, explicaremos como a nossa formação académica nos foi útil ao longo do nosso estágio. Em segundo lugar, apresentaremos a empresa na qual realizámos o meu estágio e descreveremos as actividades realizadas, concluindo com um pequeno projeto que tivemos de realizar no final do nosso estágio.

Preparação através da formação na Université Espoir d'Afrique Durante a nossa formação na Université Espoir d'Afrique (UEA), na Faculdade de Engenharia e Tecnologia (IT), Departamento de Engenharia e Gestão das Telecomunicações (GGT), em regime de bacharelato, desde janeiro de 2015, tivemos o privilégio de aprender cursos e assimilar conhecimentos com base em que fundamentarão o nosso título de engenheiro neste domínio. O nosso percurso académico tem sido longo e deverá terminar com um estágio e uma tese final na mesma área.

A Universidade fez o seu melhor para nos proporcionar uma formação de qualidade que nos preparasse para os desafios do mundo profissional na nossa área. Durante o nosso primeiro ano, tivemos de aprender os cursos básicos para adquirir uma compreensão elementar dos computadores e das redes de telecomunicações, bem como cursos gerais para o nosso desenvolvimento pessoal e cursos de cálculo para nos prepararmos para enfrentar problemas mais complexos; dado que este era um curso novo para nós que tínhamos vindo do ensino secundário, alguns de nós não conseguiram adaptar-se e foram obrigados a desistir antes do final do ano.

O segundo ano foi um ano em que tivemos de entrar no terreno com cursos de informática, programação e redes; tínhamos sido realmente formados e incentivados a fazer investigação na nossa área para adquirir conhecimentos adicionais;

Antes do final do ano, cada um de nós teve de escolher uma especialidade de entre as duas concentrações do departamento de Engenharia e Gestão de Telecomunicações (GGT), incluindo Redes e Serviços Móveis (MNS) e Sistemas e Segurança de Redes (SNS). Tivemos o privilégio de nos especializarmos na concentração Sistemas e Segurança de Redes (SSR). Desde o início da nossa especialização, no segundo ano, até ao fim, no terceiro ano, tivemos de nos concentrar em dominar os conceitos de redes em profundidade e acrescentámos a segurança de sistemas e redes informáticas através de aulas presenciais, investigação aprofundada e também projectos para aprofundar a nossa especialidade. Tivemos o privilégio de ter os melhores professores que nos ensinaram tudo o que precisávamos de saber para nos ajudar a enfrentar o mundo profissional sem medo.

A razão para efetuar o estágio especificamente no Bureau de Centralisation Geomatics

Natureza da a empresa

O Governo tomou a decisão de criar um Centro Nacional de Geomática (CNG), que mais tarde se transformou no BCG, com o objetivo de criar um Gabinete de Geomática, implementar a plataforma de intercâmbio de dados entre os diferentes ministérios e divulgar os ortofotogramas, que constituem o quadro de referência básico para a construção das várias camadas de informação de base (camadas topográficas), bem como da maioria das camadas de "negócio" (camadas temáticas) desenvolvidas por ministérios, instituições públicas, organizações internacionais e gabinetes privados. (http://www.sp-bcg.gov.bi/)

Actividades de l'Entreprise

- Formular propostas à autoridade de tutela para uma melhor coordenação dos actores envolvidos no desenvolvimento do Sistema de Informação Geográfica (SIG);
- Consolidar, arquivar e gerir a informação geográfica dos ministérios e de outras instituições, a fim de criar um SIG nacional;
- Gerir a partilha e a difusão dos dados através da assinatura de convenções entre o Serviço e os diferentes serviços utilizadores e assegurar o respeito das condições fixadas nas convenções;
- Fornecer apoio consultivo a outros parceiros envolvidos no sistema de informação geográfica em parceria com a Universidade do Burundi ou qualquer outra instituição de investigação com experiência reconhecida em SIG;
- Elaboração de especificações para os produtos das instituições parceiras, nomeadamente a metodologia de aquisição, o formato dos ficheiros e as projecções;

- Assegurar a manutenção das normas estabelecidas para as diversas camadas de informação geográfica que constituem o SIG nacional, nomeadamente no que respeita a formatos de ficheiros, projecções, organização e nomenclatura;
- Efetuar o controlo da qualidade dos produtos, assegurando a conformidade com as especificações e as normas estabelecidas antes da distribuição a outras instituições;
- Gerir os metadados introduzidos para cada camada de informação ou produto fornecido;
- Elaboração de um catálogo de dados, sua atualização e publicação. (http://www.sp- bcg.gov.bi/)

A motivação subjacente à nossa decisão de efetuar o estágio no domínio das redes

Durante a nossa formação na Universidade Espoir d'Afrique (UEA), na Faculdade de Engenharia e Tecnologia (IT), Departamento de Engenharia e Gestão de Telecomunicações (GGT), na especialidade de Sistemas e Segurança de Redes (SSR), tivemos de adquirir conhecimentos teóricos e simular certas configurações e concepções em vários projectos. Ao mesmo tempo, a necessidade de podermos materializar os nossos projectos e fazer configurações em equipamentos físicos foi mais forte para nós. O objetivo do estágio de fim de curso é dar aos alunos uma visão do mundo profissional, e a nossa escolha da área das redes vai permitir-nos pôr em prática todos os conhecimentos teóricos que temos e aprofundar os conhecimentos que adquirimos ao longo do nosso percurso académico. Este estágio é uma oportunidade para nos familiarizarmos com o equipamento e aprendermos técnicas práticas que nos darão a capacidade de enfrentar o mundo profissional na nossa área.

CAPÍTULO II
DESCRIÇÃO DA EMPRESA E DAS SUAS ACTIVIDADES

Apresentação pormenorizada do sítio l'Entreprise

Antecedentes Actividades preparatórias

Plataforma SIG (2010-2012): Desde 2011, foi iniciada uma plataforma nacional de SIG coordenada pelo Segundo Vice-Presidente da República do Burundi, o Centre National de Coordination des Aides (CNCA), que permitiu o arranque de actividades nacionais de consulta e reflexão, a partilha de experiências e a sensibilização das partes interessadas nacionais. (http://www.sp-bcg.gov.bi/)

Estudo SIG (2011-2012): Simultaneamente, foi mobilizada uma missão de peritos, financiada pela UE através do Programa de Desenvolvimento Sustentável Pós-Conflito (PPCDR), para realizar (i) um diagnóstico do que já existia em termos de SIG, (ii) elaborar um plano de ação de curto prazo para a criação de um SIG Nacional e (iii) propor vários arranjos institucionais para a implementação do SIG Nacional. Com base nesta experiência, o Governo decidiu criar um Centro Nacional de Geomática (CNG), que posteriormente se tornou o BCG. Na sequência desta decisão, os peritos elaboraram (iv) um relatório sobre a "configuração institucional", que apresenta os pormenores da implementação deste sistema. (http://www.sp-bcg.gov.bi/) Além disso, para facilitar a criação do Gabinete de Geomática e a implementação da plataforma de intercâmbio de dados, foi mobilizada assistência técnica (AT) específica desde novembro de 2012. Foram organizados dois seminários nacionais, o primeiro em julho de 2011 e o segundo em maio de 2012. Estes dois workshops resultaram num consenso nacional para a configuração institucional da proposta INDS, bem como na elaboração de um primeiro plano de ação. (http://www.sp-bcg.gov.bi/)

Criação do Gabinete de Centralização Geomática e actividades iniciais

Em novembro e dezembro de 2012, foi defendido em Conselho de Ministros o decreto-lei que cria o BCG, o que levou à assinatura, a 9 de janeiro de 2013, do decreto-lei 100/06 que cria o Gabinete de Centralização Geomática. Durante o primeiro semestre de 2013, foi desenvolvido e implementado um plano de desenvolvimento de recursos humanos: A equipa do BCG está a trabalhar desde 11 de março de 2013. (http://www.sp-bcg.gov.bi/)

Missões

O Secretariado Executivo Permanente do Gabinete de Centralização Geomática é responsável pela implementação das orientações políticas e estratégicas do GCO. Mais especificamente, as suas funções são

- orquestrar o desenvolvimento da Infraestrutura Nacional de Dados Espaciais do Burundi (INDSB).
- coordenar as actividades das diferentes instituições públicas no domínio da geomática;
- gerir os fluxos de informação em conformidade com os acordos de intercâmbio e partilha de dados assinados com as diferentes instituições.

Organização Estrutura institucional

O BCG é constituído por um Comité de Direção (CC), um Secretariado Executivo Permanente e uma rede de parceiros. (http://www.sp-bcg.gov.bi/)

Figura 1.B.1 Organigrama do BCG

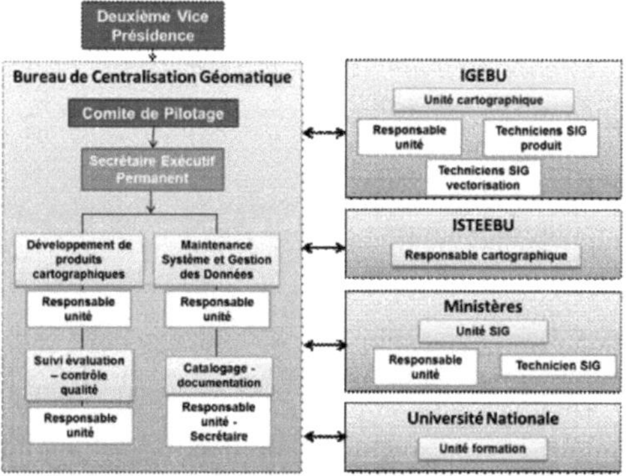

Fonte : http://www.sp-bcg.gov.bi/

Comité de direção

O comité diretor é composto pelos seguintes membros:

Presidente:

Segundo Vice-Presidente da República

Vice-presidente :

Ministro da Água, do Ambiente, do Ordenamento do Território e do Desenvolvimento Urbano

Membros :

1. Ministro do Interior
2. Ministro do Planeamento do Desenvolvimento Económico
3. Ministro da Saúde Pública
4. Ministro do Ensino Superior e da Investigação Científica
5. Ministro da Agricultura e da Pecuária
6. Ministro da Energia e das Minas
7. Diretor-geral da ISTEEBU

8. Diretor-Geral do IGEBU

9. Secretário Executivo Permanente do BCG (Secretário)

Localização geográfica

O Secretariado Executivo Permanente do Gabinete de Centralização Geomática está localizado no Edifício do Ministério das Finanças, 3º andar; Boulevard du Japon; RN3; Bujumbura- Mairie; Bujumbura Burundi. (http://www.sp-bcg.gov.bi/)É delimitada a norte pela Avenue du Palmier, a sul pela Avenue du Manguier, a leste pela Avenue de la Révolution e a oeste pelo Boulevard de la Liberté.

Sítio Web oficial

http://www.sp-bcg.gov.bi/

Descrição das actividades

Descrição da rede do Ministério das Finanças

Figura 2.B.1 Apresentação da rede do Ministério das Finanças

MINISTERE DES FINANCES, DU BUDGET
ET DE LA PRIVATISATION

DOCUMENTATION DU RESEAU INFORMATIQUE

FAIT PAR: LA DIRECTION DE L'INFORMATIQUE ,
SERVICE DE MAINTENANCE, SECURITE RESEAU ET ASSISTANCE AUX UTILISATEURS

Fonte: Direção de Informática do Ministério das Finanças da República do Burundi

A rede do Ministério das Finanças estende-se por um edifício de sete andares, tendo cada gabinete pelo menos três tomadas de rede. A sala dos servidores, que é também a sala que liga a rede interna à rede externa, situa-se no segundo andar, na sala 2-31, e contém, entre outras coisas :

Um router principal para as ligações ao exterior e um router de reserva, todos os routers Cisco série 2900 ligados ao Core-Switch; um Core-Switch Data que é o acoplamento de dois Switches juntos; equipamento ONATEL para a ligação de fibra ótica que conduz diretamente ao Core-Switch; telefones Cisco, fotocopiadoras de rede, Switches e pontos de acesso.

Cada piso puxa os cabos do Core-Switch através das tomadas na parede da sala dos servidores.

Figura 3.B.1 Ligação entre as tomadas e o comutador central

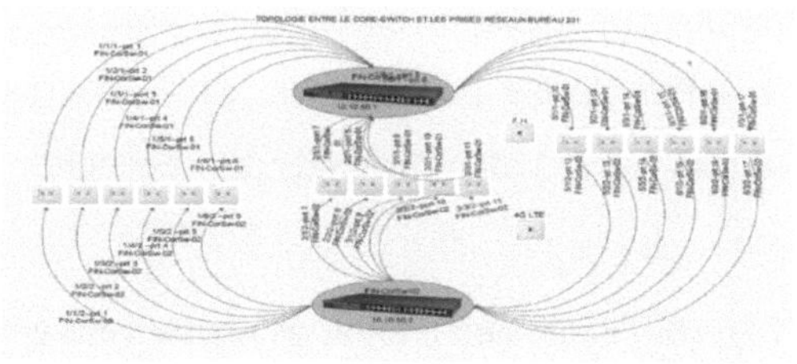

Fonte: Direção de Informática do Ministério das Finanças da República do Burundi

A sala dos servidores contém um comutador KVM e um ecrã KVM para a gestão dos servidores. É de salientar que este switch de servidor está ligado através de fibra ótica. Em cada sala técnica existem RACs para alojar o equipamento de rede. A figura abaixo mostra um RAC com um ecrã KVM.

Figura 4.B.1 RAC com ecrã KVM

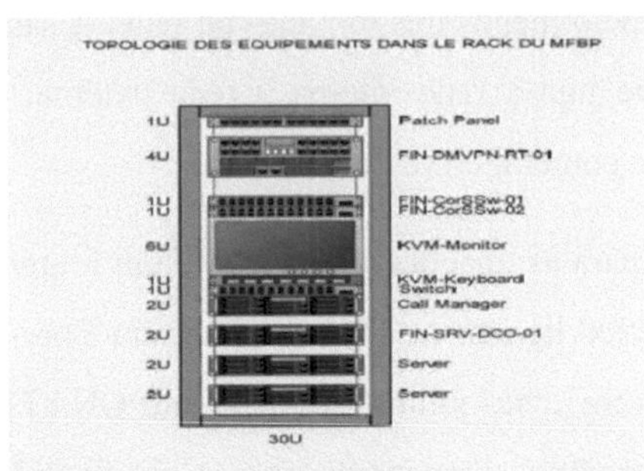

Fonte: Direção de Informática do Ministério das Finanças da República do Burundi

Note-se também que esta rede é uma redundância da rede da Presidência, que é o sítio principal da rede WAN de todas as instituições governamentais do Burundi. Inclui igualmente um router Mikrotik para a gestão das antenas e um software de gestão dos controladores de hotspots. Todas as instituições estão ligadas entre si e à Presidência por ligações, com todas as antenas ligadas diretamente ao pequeno router Mikrotik na sala dos servidores.

Figura 5.B.1 Ligações rádio entre todas as instituições governamentais

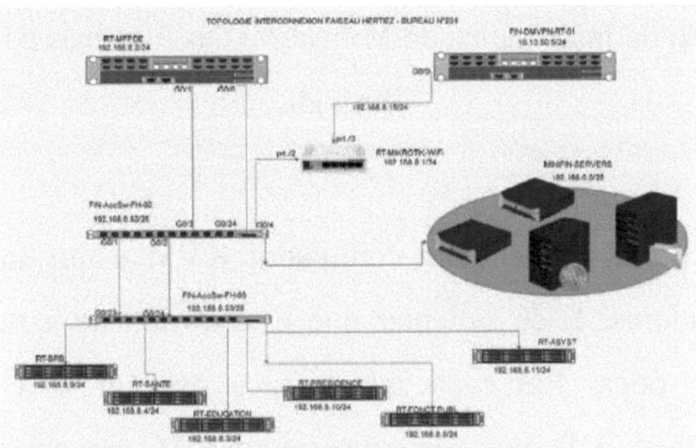

Fonte: Direção de Informática do Ministério das Finanças da República do Burundi

Existem muitos servidores aqui, incluindo servidores de aplicação, de produção e antivírus, o servidor gere DHCP, DNS e Active Diretory, bem como um servidor de backup NAS (Network Administration Storage Server), e existe uma ligação de fibra ótica da BBS, ONATEL e LUMITEL. Todos os utilizadores estão no domínio gov.local, com o âmbito das VLANs IPv4 DHCP fin-srv-dc0-01.gov.local; todos os ministérios do Burundi partilham o Active Diretory com a Presidência, mas têm o seu próprio DHCP. O software PRTG Network Monitor é utilizado para monitorizar toda a rede; todos os comutadores e routers Cisco são geridos pelo software Secure CRT; o software antivírus é gerido pelo software Symantec Endpoint Protection Manager; e o Edraw Max é utilizado para a topologia. A nossa política de segurança exige que alteremos todas as palavras-passe de toda a rede de 45 em 45 dias.

Figura 6.B.1 Topologia da rede da sala de servidores

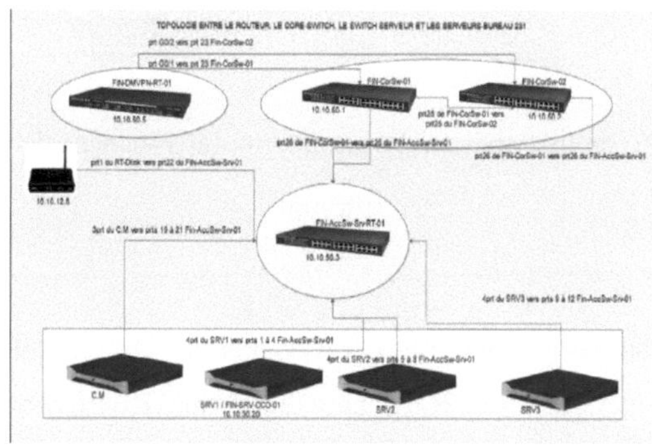

Fonte: Direção de Informática do Ministério das Finanças da República do Burundi

Cada nível tem uma sala técnica que contém todas as ligações da sala dos servidores aos gabinetes desse nível. No rés do chão, na sala G-24, temos a primeira sala técnica da nossa rede: Dois RACs, um para telefonia e fibra ótica ONATEL e outro para todas as outras conectividades deste nível. Um Quadro de

Distribuição de Fibra para a fibra ótica; um Switch BBS, um Switch PoE que liga diretamente os telefones, Switches de dados e patches de painel; Encontramos também nesta sala técnica, uma alimentação de emergência silenciosa de 220v ligada ao gerador. É muito importante referir que a sala é climatizada para arrefecer os equipamentos.

Figura 7.B.1 Topologia da rede de Ré-des-chaussées

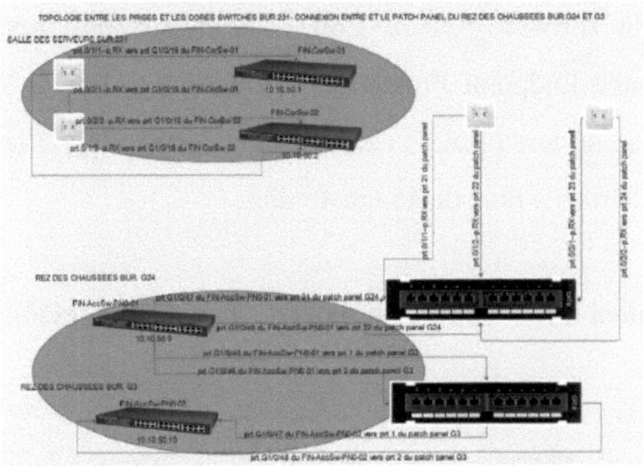

Fonte: Direção de Informática do Ministério das Finanças da República do Burundi

No primeiro andar, existe uma outra sala técnica na sala 1-56 que contém: uma caixa eléctrica, incluindo um RAC para a energia REGIDESO e um para o gerador, um RAC para componentes informáticos e telefónicos e um RAC de distribuição para as câmaras. Existem 5 comutadores Cisco PoE para a LAN e 6 quadros de distribuição; os comutadores encaminham os cabos para os quadros de distribuição e os quadros de distribuição encaminham os cabos diretamente para as secretárias.

Figura 8.B.1 Topologia da rede do piso 1

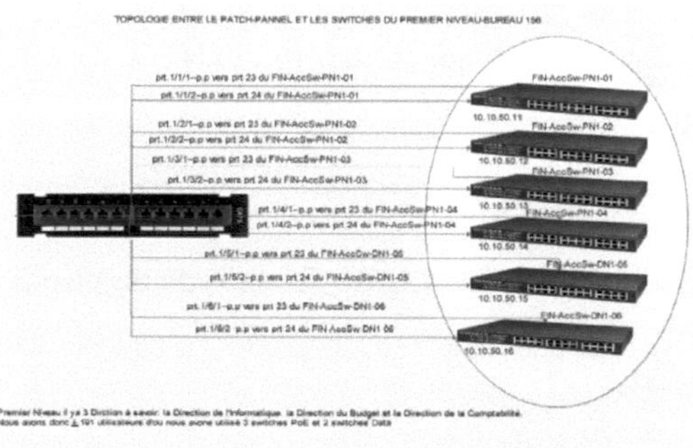

Fonte: Direção de Informática do Ministério das Finanças da República do Burundi

No segundo andar, existe uma outra sala técnica na sala 2-56 que contém: um RAC com equipamento para a fibra ótica LUMITEL, a ligação à Internet para o Ministério das Finanças, incluindo a ligação LUMITEL e ONATEL; existem também interruptores de dados e painéis de ligação para ligar a sala do servidor e os gabinetes neste nível.

Figura 9.B.1 Topologia da rede do piso 2

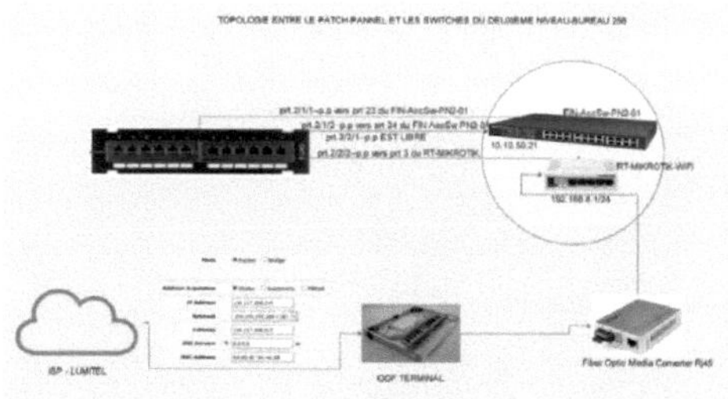

Fonte: Direção de Informática do Ministério das Finanças da República do Burundi

No terceiro andar existe outra sala técnica na sala 3-56 que contém: um router CBINET e um switch D-Link, a ligação CBINET para a rede sub da Agence de Régulation des Marche Publique (ARMP); existem 3 switches incluindo 1 switch de dados e 2 switches PoE

Figura 10.B.1 Topologia da rede do piso 3

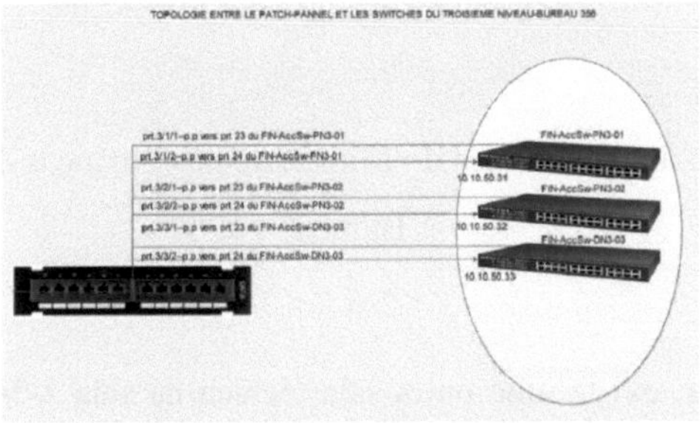

Fonte: Direção de Informática do Ministério das Finanças da República do Burundi

É de notar que o quarto andar também tem uma sala técnica na sala 4-56, mas esta não é gerida pelo Ministério das Finanças, uma vez que se trata da rede de boa governação. No quinto andar, existe também uma sala técnica na sala 5-56 que contém um RAC de câmara, um RAC de telefonia, com 3 interruptores e 5 painéis de patches.

Figura 11.B.1 Topologia da rede do piso 5

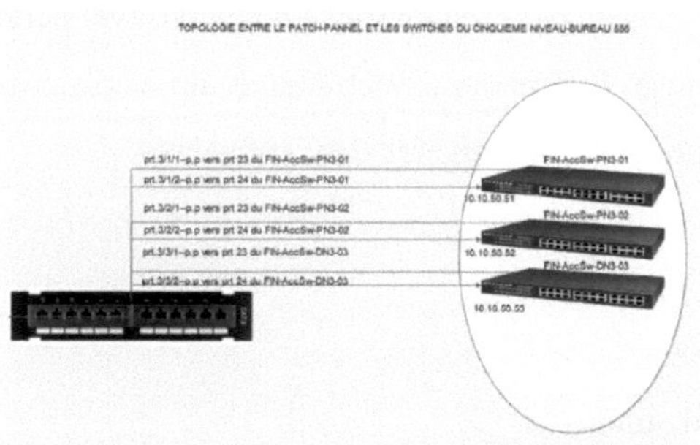

Fonte: Direção de Informática do Ministério das Finanças da República do Burundi

No sexto andar existe também uma sala técnica na sala 6-56 que contém: 4 servidores e um monitor para as câmaras; um CPE HUWAWEI para a intranet de todos os departamentos; 4 switches Cisco e patches de painel; e um dispositivo de impressão digital para proteger a porta que dá acesso a esta sala técnica.

Figura 12.B.1 Topologia da rede do piso 6

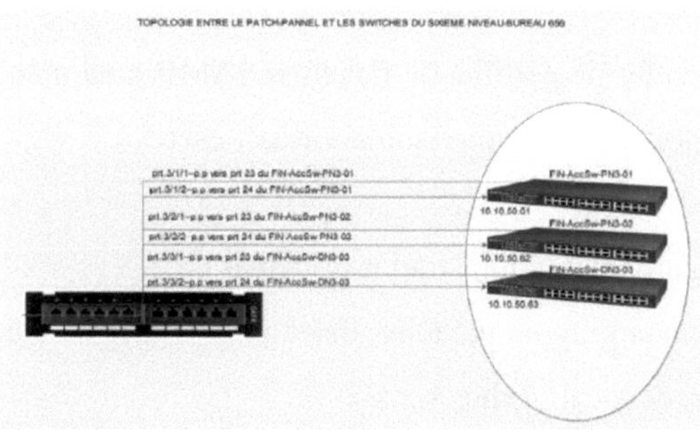

Fonte: Direção de Informática do Ministério das Finanças da República do Burundi

No mesmo andar, na sala 6-37, encontra-se o responsável pelo sítio Web e pelas câmaras de vigilância. É também o Web Master do Ministério das Finanças e é responsável pelo controlo das câmaras de vigilância.

Avaliação

Actividades Realizadas

Tarefa n.º 1, Criar uma máquina virtual numa das máquinas do laboratório; Instalar o sistema Linux nesta máquina virtual; Configurar um servidor SAMBA para facilitar a partilha de ficheiros entre todas as máquinas Windows do laboratório. O Samba é frequentemente utilizado para interligar uma máquina Unix a uma máquina Windows ou para controlar um domínio. (Ganaël Laplanche; 2010; 7) Passos a seguir : Instalar a aplicação de virtualização VMware Workstation; Criar a máquina virtual e instalar nela o sistema Ubuntu versão12; Após a instalação, abrir a máquina virtual, que tem como sistema o Ubuntu versão12; Verificar se a máquina física está na mesma rede local que a nossa máquina virtual; No modo superutilizador da máquina virtual, fazer ping ao endereço IP da máquina física.

Para criar um servidor de partilha de ficheiros SAMBA na máquina virtual, siga estes passos: Depois de abrir a máquina virtual, escreva o seguinte comando no terminal
Sudo i para se ligar como administrador principal
Em seguida, fazemos ping na máquina física para verificar se as duas máquinas estão na mesma rede local: **#ping** x.x.x.x

Crie uma pasta que contenha a pasta que pretende partilhar: #mkdir /nome da pasta
De seguida, introduza a nova pasta: #cd /foldername/.

Em seguida, crie a pasta a ser partilhada: #mkdir /sharefolder

Pode colocar qualquer coisa que queira partilhar nesta pasta, como ficheiros criados da seguinte forma: #touch filename.txtNo final, voltar à raiz: #cd

Figura 13.C.1 Criar a pasta a ser partilhada

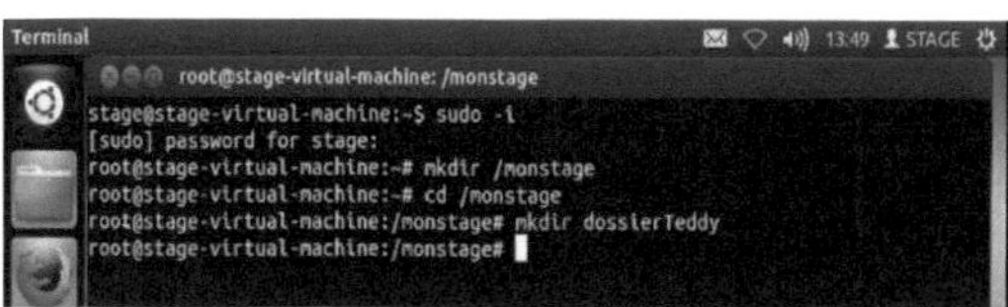

Fonte: Investigação própria

Agora vamos instalar o pacote samba, que será descarregado da Internet usando o comando: #apt-get install sambaDepois vamos editar o ficheiro de configuração do samba com o comando :

#nano /etc/samba/smb.conf

Figura 14.C.1 Configuração do SAMBA

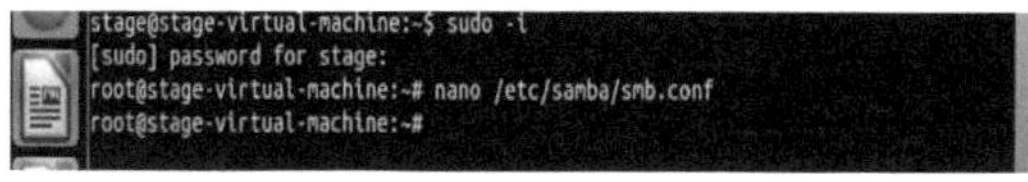

Fonte: Investigação própria

Agora vamos para o título = = =share definitions= = =

Na parte inferior de browseable=no, adicionamos thesharefolder entre parênteses rectos: [sharefolder].

Depois adicionamos um comentário quando clicamos na pasta, activamos os direitos de leitura e de escrita e, em seguida, o caminho para a pasta

Comentário=partilhar

Navegável=sim

Gravável=sim

Caminho= /nome da pasta

Em seguida, prima ctrl + x para sair e validar.

Em seguida, reinicie o servidor samba com o comando

/etc/init.d/smb restart

Figura 15.C.1 Modificar o ficheiro Samba

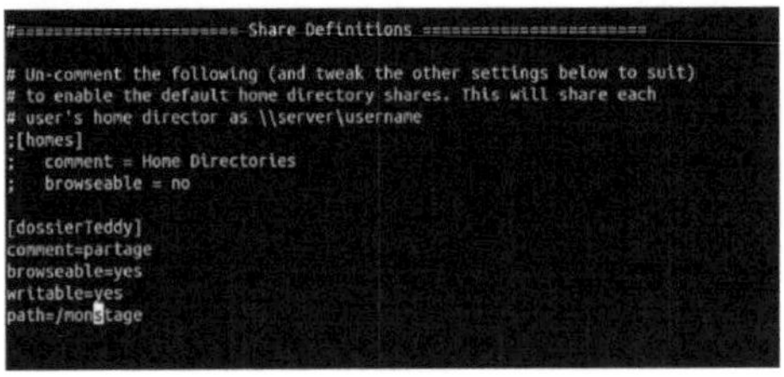

```
#======================= Share Definitions =======================
# Un-comment the following (and tweak the other settings below to suit)
# to enable the default home directory shares. This will share each
# user's home director as \\server\username
;[homes]
;   comment = Home Directories
;   browseable = no

[dossierTeddy]
comment=partage
browseable=yes
writable=yes
path=/monstage
```

Fonte: Investigação própria

Vamos agora criar um utilizador samba com toda a informação possível, sem esquecer a palavra-passe do utilizador

#adicionar nome de utilizador

Palavra-passe : palavra-passe

Figura 16.C.1 Criar um utilizador Samba

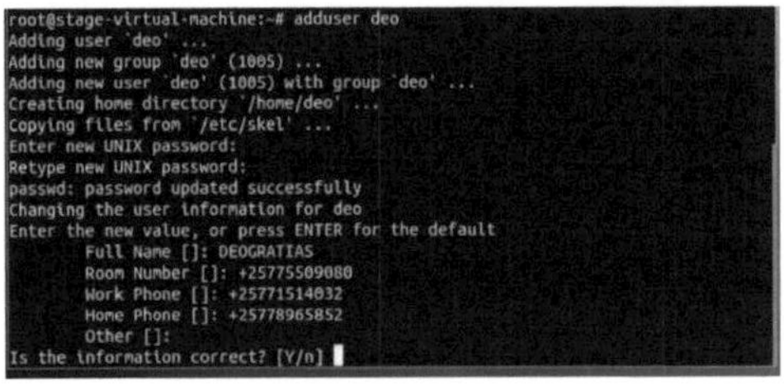

```
root@stage-virtual-machine:~# adduser deo
Adding user `deo' ...
Adding new group `deo' (1005) ...
Adding new user `deo' (1005) with group `deo' ...
Creating home directory `/home/deo' ...
Copying files from `/etc/skel' ...
Enter new UNIX password:
Retype new UNIX password:
passwd: password updated successfully
Changing the user information for deo
Enter the new value, or press ENTER for the default
        Full Name []: DEOGRATIAS
        Room Number []: +25775509080
        Work Phone []: +25771514032
        Home Phone []: +25778965852
        Other []:
Is the information correct? [Y/n]
```

Fonte: Investigação própria

Vamos agora criar uma palavra-passe samba para o nosso utilizador

#smbpasswd -a nome de utilizador

Palavra-passe : motdepassesamba

Figura 17.C.1 Criar uma palavra-passe Samba

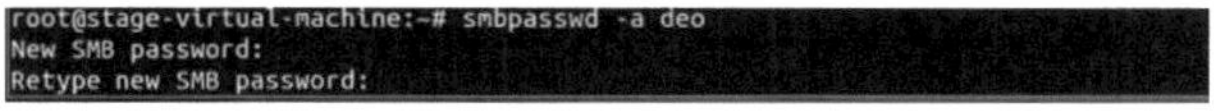

root@stage-virtual-machine:~# smbpasswd -a deo
New SMB password:
Retype new SMB password:

Fonte: Investigação própria

Para nos ligarmos ao nosso servidor através de uma máquina Windows, vamos à barra de navegação e escrevemos o endereço IP do servidor da seguinte forma: \\x.x.x.x e depois validar

Para descobrir o endereço IP do servidor, digite o seguinte comando no terminal do servidor

#ifconfig

Ser-nos-á então pedido o nome de utilizador e a palavra-passe samba para nos ligarmos.

Trabalho n.º 2, Configurar DHCP e NAT

Figura 18.C.1 Topologia de rede com DHCP e NAT

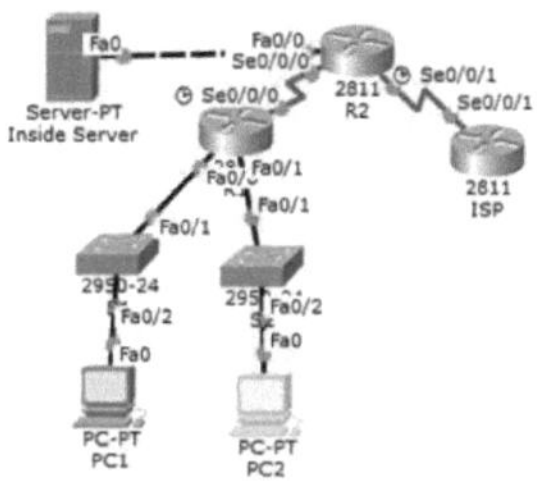

Fa0
Fa0/0
Se0/0/0
Server-PT
Inside Server
Se0/0/0
2811
R2
Se0/0/1
Se0/0/1
2811
ISP
Fa0/1
Fa0/1
Fa0/1
Fa0/2
Fa0
Fa0/2
Fa0
PC-PT
PC1
PC-PT
PC2

Fonte: Investigação própria

Trabalho n.º 3, Configurar a rede do Piso 1 com ligações à Internet

Figura 19.C.1 Topologia da rede do Piso 1 com ligações à Internet

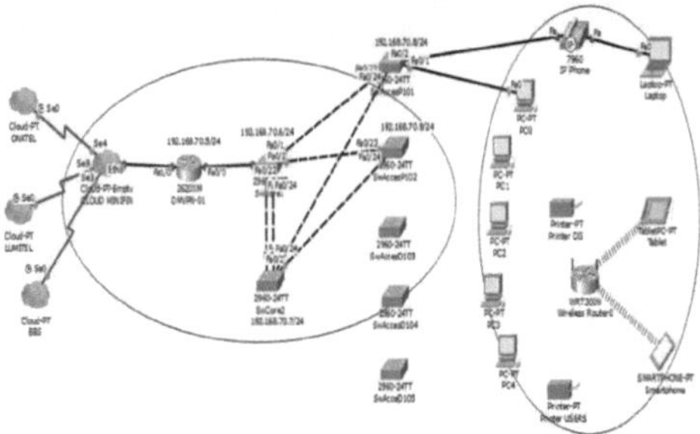

Fonte: Investigação própria

Expectativas Pessoal

As nossas expectativas pessoais em relação a esta empresa são as seguintes:
Em primeiro lugar, gostaríamos de dominar todas as técnicas práticas envolvidas na conceção de uma rede, na sua configuração, na sua gestão e na sua segurança;

Em segundo lugar, queremos dominar todos os sistemas de rede e informáticos para os podermos adaptar às necessidades da empresa e fazer a sua manutenção;

Por último, queremos ser capazes de responder a todas as perguntas que nos possam ser colocadas no decurso do nosso trabalho como engenheiros e ser capazes de apresentar relatórios sobre todas as nossas actividades.

Resultados Alcançados

Ao longo do nosso estágio, notámos uma excelente comunicação entre os supervisores e os estagiários. Os supervisores fizeram tudo o que estava ao seu alcance para ensinar aos estagiários o máximo possível para dominarem a área; procuraram todos os conhecimentos adicionais para nos dar e fizeram tudo o que podiam para garantir que nos sentíamos à vontade na empresa. Graças a eles, pudemos compreender como nos devemos comportar numa empresa e como fazer o nosso trabalho no mundo profissional. Participámos em todas as actividades que os engenheiros realizam no exercício das suas funções no domínio das redes.

Dificuldades encontradas

Durante o nosso estágio, tivemos a oportunidade de passar dois meses no Gabinete de Centralização Geomática. As dificuldades com que nos deparámos foram as seguintes: Em primeiro lugar, fomos confrontados com uma interrupção da ligação à Internet sempre que havia um corte de energia, mesmo que o gerador assumisse o controlo, não nos dava a oportunidade de aceder à Internet até que a energia fosse restabelecida; em segundo lugar, a indisponibilidade do supervisor, por razões de trabalho, e, por vezes, a recusa do chefe em permitir-nos o acesso ao laboratório de informática para determinadas práticas; a restrição do acesso a determinados documentos que são necessários para a compreensão de toda a rede. A comunicação entre o diretor da empresa e os estagiários não foi muito boa, pois o diretor não se sentiu envolvido nas actividades dos estagiários.

Soluções sugeridas

Estamos certos de que todos os problemas têm uma solução e, por isso, tivemos a coragem de propor à empresa as seguintes soluções: No que diz respeito à interrupção da ligação à Internet, a nossa sugestão é que o equipamento de rede possa ser colocado na linha que é alimentada pelo gerador automaticamente durante um corte de energia, de modo a não paralisar o trabalho. Em caso de indisponibilidade do supervisor, sugerimos que a empresa providencie um substituto para acompanhar os estagiários, mas também que seja criado um programa para os estagiários; sugerimos que a restrição a determinados documentos e equipamentos seja menos rigorosa para permitir que os estagiários completem os seus conhecimentos. Sugerimos ainda que seja dada a oportunidade aos formandos de participarem na resolução de algumas falhas que possam ocorrer no sistema. O diretor da empresa deve envolver-se e considerar que também é responsável pelos formandos para que haja uma boa comunicação entre ele e os formandos.

CAPÍTULO III
INTERLIGAÇÃO DE SÍTIOS REMOTOS NUMA REDE INFORMÁTICA ATRAVÉS DA INTERNET UTILIZANDO A REDE PRIVADA VIRTUAL MULTIPONTO DINÂMICA (DMVPN)

Introdução

Atualmente, as empresas têm uma grande necessidade de interligar os seus vários locais remotos a um local principal, mas também os locais remotos entre si, tendo em conta a segurança da comunicação. Tomemos como exemplo todos os ministérios de um país que precisam de estar em comunicação direta com a presidência para comunicações importantes e que precisam de estar ligados entre si para permitir a partilha de recursos. Ou as lojas que precisam de se ligar à sede da empresa para gestão de stocks e encomendas podem também precisar de se ligar a outras lojas da empresa para verificar a disponibilidade dos produtos.

Questões

Na esperança de estabelecer esta comunicação, coloca-se o problema de saber qual a tecnologia a utilizar para assegurar a comunicação ao mais baixo custo. No passado, a única forma de interligar sítios remotos era utilizar uma rede de duas camadas, como a RDIS ou a Frame Relay. Infelizmente, a instalação e implementação destas ligações com fios para o tráfego IP interno é, sem dúvida, muito morosa e dispendiosa. Se todos os sítios remotos, incluindo o sítio principal, já tiverem um acesso razoavelmente bom à Internet, esse acesso à Internet também pode ser utilizado para a comunicação IP interna entre sítios remotos, utilizando túneis IPsec para garantir a confidencialidade e a integridade dos dados. Para tal, precisam de poder desenvolver a rede IPsec, que originalmente cifra o tráfego entre dois pontos terminais (pares) e a cifragem é feita apenas pelos dois pontos terminais utilizando um "segredo" partilhado; isto implica que as redes cifradas são, de facto, um conjunto de ligações ponto-a-ponto, pelo que o IPsec é muito simplesmente uma rede de túneis ponto-a-ponto.

Objectivos

O objetivo é fazer evoluir uma grande rede privada virtual (VPN) ponto-a-ponto de modo a transformá-la numa rede em estrela ou numa rede em malha completa (parcial).

Limitações e Limites

A nossa investigação baseou-se no sistema de comunicação na rede WAN entre as administrações públicas da República do Burundi, nomeadamente a Presidência da República e todos os ministérios do país.
Teremos de fazer investigação sobre o sistema que permitirá assegurar o tráfego a um custo mais baixo e com facilidade de comunicação.
Na nossa investigação, a dificuldade foi a falta de equipamento físico para testar o nosso sistema, pelo que tivemos de nos contentar com simulações utilizando routers muito específicos.

Revisão da literatura

Anteriormente, a única forma de interligar locais remotos era utilizar uma rede de camada dupla, como ISDN ou Frame Relay. A instalação e implementação destas ligações com fios para o tráfego IP interno é muito morosa e dispendiosa. A VPN ou rede privada virtual é uma ligação inter-redes que liga duas redes locais diferentes utilizando um protocolo de túnel. (http://www.Wikipédia.fr) Os dados viajam através deste túnel; mesmo que, por magia, as pessoas consigam intercetar este pacote encriptado, não o conseguem desencriptar. A VPN pega em pacotes IP da rede local e encapsula-os num pacote VPN, sendo o endereço de origem o endereço IP do router e o endereço de destino o endereço IP do outro router, e encripta os dados no seu interior; apenas os endereços de origem e de destino do pacote são visíveis. O seu objetivo é: - Ligar duas redes remotas (ou uma estação e uma rede) através de uma rede aberta (Internet), garantindo :

• Serviços VLAN para IP: a mesma rede IP lógica

• Alargar a rede interna

• Serviços de segurança:

• Confidencialidade das informações transmitidas

• Integridade dos dados (dados não modificados por terceiros)

• Autenticação do remetente e do destinatário (no sentido de estação ou router)

• Não é necessária uma qualidade de serviço específica (velocidade, etc.) - Redução dos custos graças à utilização de uma rede partilhada

• Utilizar o tunelamento

IPsec: protocolo de encriptação para encriptar o tráfego entre dois sítios, utilizando chaves pré-partilhadas. Não é provavelmente o protocolo mais seguro, mas é rápido e fácil de implementar. (Eric SHABANI BAHATI; 2011; 41)

mGRE (multipoint GRE): protocolo que permite criar túneis multiponto entre diferentes sítios, ou seja, criar vários túneis a partir de uma única interface pseudo-túnel. NHRP (Next Hope Resolution Protocol): protocolo que permite aos routers remotos dar a conhecer o seu endereço IP, que é utilizado para estabelecer o túnel GRE com o servidor. O servidor, por seu lado, armazena os endereços IP para que cada router possa descobrir o endereço do seu vizinho e estabelecer um túnel direto com ele.OSPF (Open Shortest Path First): protocolo de encaminhamento que permite ao router no local central propagar diferentes rotas para locais remotos. Também permite que os routers em locais remotos anunciem a sua rede local ao local central. Hub e Spoke: os dois termos referem-se, respetivamente, ao router central e aos routers remotos. O sítio central servido pelo router central actua como servidor NHRP (DIATOU DABO, GLORIA YAKETE, SADA DEM; 2014; 4).

Técnicas de produção e design

O método mais viável para fazer evoluir uma grande rede ponto-a-ponto é organizá-la numa rede em estrela ou numa rede em malha completa (parcial). Na maioria das redes, a maior parte do tráfego IP é efectuada entre os raios e o hub, e muito pouco entre os raios, pelo que a conceção de uma rede em estrela é frequentemente a melhor opção. (VPNs IPSec multiponto dinâmicas (utilização de GRE multiponto/NHRP para alargar as VPNs IPsec);2) Ao utilizar a Internet como interligação entre o hub e os spokes, os spokes também têm acesso direto uns aos outros, sem custos adicionais. As redes em malha total ou parcial são muitas vezes desejáveis porque pode haver uma redução de custos se o tráfego de encaminhamento entre os raios puder ser efectuado, em vez de passar pelo hub. O tráfego entre os raios que passa pelo hub utiliza os seus recursos e pode causar atrasos, em especial quando se utiliza a encriptação IPsec, uma vez que o hub terá de desencriptar os pacotes dos raios que os enviam e depois voltar a encriptar o tráfego para o enviar ao raio recetor. Outro exemplo em que o tráfego de encaminhamento direto de raio para raio seria útil é quando dois raios estão na mesma cidade e o centro está no outro extremo do país. medida que as redes IPsec em estrela foram sendo implantadas e aumentando de tamanho, tornou-se mais desejável que elas encaminhassem os pacotes IP da forma mais dinâmica possível, executando um protocolo de roteamento dinâmico nos links; isso é muito útil para anunciar dinamicamente a acessibilidade das redes em estrela e também para suportar a redundância na rede de roteamento IP; e Se a rede perdesse um roteador hub, um roteador hub de backup poderia assumir automaticamente o controle para manter a conetividade da rede com as redes em estrela.

Surge um problema fundamental com os túneis IPsec e os protocolos de encaminhamento dinâmicos, na medida em que os protocolos de encaminhamento dinâmicos se baseiam na utilização de pacotes IP multicast ou broadcast, enquanto o IPsec não suporta a encriptação de pacotes multicast ou broadcast. (VPNs IPSec multiponto dinâmicas (utilização de GRE multiponto/NHRP para alargar as VPNs IPsec); 2)

O método atual para resolver o problema dos túneis IPsec e dos protocolos de encaminhamento dinâmico consiste em utilizar túneis de encapsulamento de encaminhamento genérico (GRE) em combinação com a encriptação IPsec.

Os túneis GRE suportam o transporte de pacotes IP multicast e de difusão para a outra extremidade do túnel GRE. O pacote do túnel GRE é um pacote IP unicast. Como tal, o pacote GRE pode ser criptografado usando o IPsec. Neste cenário, o GRE faz o tunelamento e o IPsec faz a encriptação para suportar a rede VPN.

Quando os túneis GRE são configurados, os endereços IP dos pontos finais do túnel (origem do túnel..., destino do túnel...) têm de ser conhecidos pelo outro ponto final e têm de ser encaminháveis através da Internet. Isto significa que o concentrador e todos os routers em estrela nesta rede têm de ter endereços IP estáticos não privados.

Para ligações de pequenos sites à Internet, é comum que o endereço IP externo de um spoke mude sempre que se liga à Internet, porque o fornecedor de serviços Internet (ISP) fornece dinamicamente o endereço da interface externa (através do protocolo DHCP (Dynamic Host Configuration Protocol)) sempre que o spoke está online. Esta atribuição dinâmica do "endereço externo" do router permite ao ISP expandir a utilização do seu espaço de endereços Internet, uma vez que nem todos os utilizadores estarão online ao mesmo tempo.

Pode ser consideravelmente mais dispendioso pagar ao fornecedor para atribuir um endereço estático ao router estrela. A execução de um protocolo de encaminhamento dinâmico numa VPN IPSec requer a utilização de túneis GRE. Mas perde-se a possibilidade de ter raios com endereços IP atribuídos dinamicamente nas suas interfaces físicas externas. (VPNs IPSec multiponto dinâmicas (uso de GRE multiponto/NHRP para estender VPNs IPsec); 3) Os conceitos e a configuração na VPN IPSec multiponto dinâmica demonstram a funcionalidade completa da DMVPN. O NHRP fornece a funcionalidade para os routers em estrela aprenderem dinamicamente o endereço da interface física externa de outros routers em estrela na rede VPN. Isto significa que um encaminhador em estrela terá informações suficientes para construir dinamicamente um túnel IPsec+mGRE diretamente para outros encaminhadores em estrela. Para utilizar esta funcionalidade, os encaminhadores em estrela devem ser comutados de interfaces GRE ponto-a-ponto (p-pGRE) para interfaces de túnel GRE multiponto (mGRE). Também têm de aprender (as sub)redes que estão disponíveis atrás dos outros raios com um próximo salto de IP a partir do endereço IP do túnel do outro router em estrela. Os roteadores em estrela aprendem essas (sub)redes através do protocolo de roteamento IP dinâmico executado acima do túnel IPsec+mGRE com o hub.

O protocolo de encaminhamento IP dinâmico em execução no router hub pode ser configurado para refletir as rotas aprendidas num spoke para a mesma interface em todos os outros spokes, mas o próximo salto de IP nestas rotas será normalmente o router hub e não o router estrela a partir do qual o hub aprendeu a rota.

Note que o protocolo de encaminhamento dinâmico só funciona em ligações hub and spoke, não funciona em ligações dinâmicas spoke to spoke.

Os protocolos de encaminhamento dinâmico têm de ser configurados no router concentrador para anunciar rotas para a interface de túnel mGRE e para definir o próximo salto IP para o router estrela de origem para rotas aprendidas a partir de um raio quando a rota é anunciada aos outros raios. (VPNs IPSec multiponto dinâmicas (usando GRE/NHRP multiponto para estender VPNs IPsec); 20) Os requisitos para as configurações do protocolo de roteamento OSPF são os seguintes; Como o OSPF é um protocolo de roteamento link-state, não há problema com a divisão de horizonte. Normalmente, para interfaces multiponto, configura-se o tipo de rede OSPF para ser ponto-a-multiponto, mas isso faz com que o OSPF adicione rotas de host à tabela de roteamento em roteadores estrela. Essas rotas de host fazem com que os pacotes destinados a redes atrás de outros roteadores em estrela sejam encaminhados através do hub, em vez de serem encaminhados diretamente para o outro spoke. Para superar esse problema, precisamos configurar o tipo de rede OSPF para broadcast usando o comando: ip ospf network broadcast

Também devemos garantir que o roteador concentrador será o roteador designado (DR) para a rede IPsec+mGRE. Isso é feito configurando a prioridade OSPF para mais de 1 no hub e 0 nos spokes: Hub: ip ospf priority 2; Spoke: ip ospf priority 0 (VPNs IPSec multiponto dinâmicas (uso de GRE multiponto/NHRP para estender VPNs IPsec); 22)

Implementação da solução

Solução

A solução que escolhemos é instalar o concentrador duplo com um único ecrã DMVPN. A ideia, neste caso, é ter uma única DMVPN a funcionar com todos os concentradores (dois, no nosso caso) e todos os spokes ligados a esta única sub-rede ("entidade"). Os mapeamentos NHRP estáticos dos raios para os concentradores definem os links IPsec+mGRE estáticos nos quais o protocolo de roteamento dinâmico será executado. O protocolo de encaminhamento dinâmico não será executado nas ligações IPsec+mGRE dinâmicas entre os raios. Optámos pelo protocolo de encaminhamento dinâmico OSPF, pelo que utilizaremos duas áreas OSPF na configuração do concentrador.

A Área 0 é usada para a rede atrás dos dois hubs, e a Área 1 é usada para a rede DMVPN e as redes atrás dos roteadores em estrela. O OSPF poderia usar uma única área, mas duas áreas serão usadas aqui para explicar a configuração de várias áreas OSPF.

A configuração para o Hub2 é basicamente a mesma que a configuração do Hub1 com as alterações apropriadas no endereço IP. A principal diferença é que o Hub2 também é um spoke (ou cliente) do Hub1, tornando o Hub1 o hub primário e o Hub2 o hub secundário. Isso é feito para que o Hub2 seja um vizinho OSPF do Hub1 no túnel mGRE. Uma vez que o Hub1 é o DR OSPF, deve ter uma ligação direta com todos os outros routers OSPF na interface mGRE (rede NBMA). Sem uma ligação direta entre o Hub1 e o Hub2, o Hub2 não participaria no encaminhamento OSPF quando o Hub1 também estivesse online. Quando Hub1 estiver , Hub2 será o DR OSPF para DMVPN (rede NBMA). Quando o Hub1 voltar a estar online, substituirá o Hub2 e tornar-se-á novamente o DR OSPF para a DMVPN.

Os roteadores atrás do Hub1 e do Hub2 usarão o Hub1 para enviar pacotes para as redes em estrela porque a largura de banda da interface de túnel GRE está definida para 1.000 Kb/s, em comparação com 900 Kb/s no Hub2. Por outro lado, os roteadores estrela enviarão pacotes para as redes atrás dos roteadores hub para o Hub1 e o Hub2, pois há apenas uma única interface de túnel mGRE em cada roteador estrela e haverá duas rotas de custo igual. Se for usado o balanceamento de carga por pacote, isso pode levar a falhas de pacotes.

As áreas OSPF nos routers em estrela foram alteradas para a área 1. Ao definir o mapeamento estático NHRP e NHS num router em estrela para um hub, iremos executar o protocolo de encaminhamento dinâmico neste túnel. Isso define o roteamento do hub e do spoke ou rede vizinha. O Hub2 é um hub para todos os spokes e também é um spoke para o Hub1. Isto facilita a conceção, configuração e modificação de redes em estrela multicamadas quando se utiliza a solução DMVPN. Para evitar o roteamento assimétrico ou o balanceamento de carga de pacotes parciais entre os links para os dois hubs, precisamos configurar o protocolo de roteamento para favorecer um caminho spoke-to-hub em ambas as direções. Se quisermos que o Hub1 seja o roteador primário e o Hub2 o roteador de backup, precisamos definir custos OSPF diferentes nas interfaces de túnel do hub. Isto significa que o Hub1 terá preferência na transferência de tráfego para os routers em estrela, o que resolverá o problema do encaminhamento assimétrico. O problema do roteamento assimétrico na outra direção será resolvido com uma solução alternativa usando o comando distance... **subrouting ospf 1** nos spokes para dar preferência às rotas aprendidas via Hub1 em relação às rotas aprendidas via Hub2.

Resultados

Configuração de hub duplo com um único ecrã DMVPN

Figura 20.4.3 Topologia DMVPN

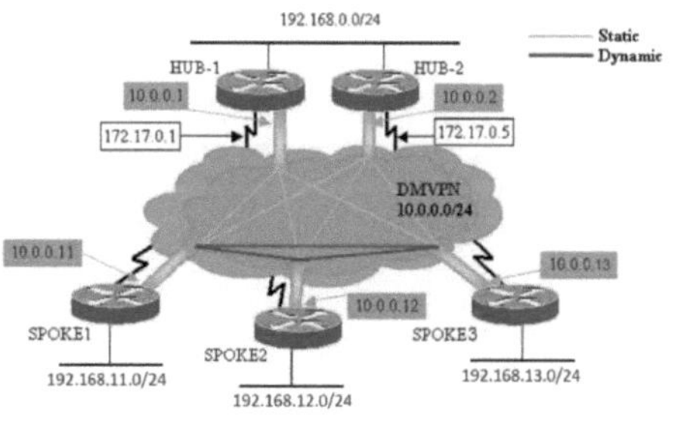

Fonte: Investigação própria Router concentrador Hub1

versão 12.3!

nome do anfitrião Hub1!

crypto isakmp policy 1 authentication pre-share

crypto isakmp key cisco47 address 0.0.0.0!

crypto ipsec transform-set trans2 esp-des esp-md5-hmac mode transport!

crypto ipsec profile vpnprof set transform-set trans2!

interface Tunnel0 largura de banda 1000

endereço ip 10.0.0.1 255.255.255.0

ip mtu 1400

teste de autenticação ip nhrp

ip nhrp map multicast dynamic ip nhrp network-id 100000

ip nhrp holdtime 600

ip ospf network broadcast ip ospf priority 2

atraso 1000

tunnel source Ethernet0 tunnel mode gre multipoint tunnel key 100000

proteção de túnel ipsec perfil vpnprof!

Interface Ethernet0

endereço ip 172.17.0.1 255.255.255.0!

Interface Ethernet1

endereço ip 192.168.0.1 255.255.255.0!

router ospf 1

rede 10.0.0.0 0.0.0.255 área 1

rede 192.168.0.0 0.0.0.0.255 área 0 !

Router Hub2

versão 12.3!

nome do anfitrião Hub2!

crypto isakmp policy 1 authentication pre-share

crypto isakmp key cisco47 address 0.0.0.0!

crypto ipsec transform-set trans2 esp-des esp-md5-hmac mode transport!

crypto ipsec profile vpnprof set transform-set trans2!

interface Tunnel0 largura de banda 900

endereço ip 10.0.0.2 255.255.255.0

ip mtu 1400

teste de autenticação ip nhrp

ip nhrp map 10.0.0.1 172.17.0.1 ip nhrp map multicast 172.17.0.1 ip nhrp map multicast dinâmico ip nhrp network-id 100000

ip nhrp holdtime 600 ip nhrp nhs 10.0.0.1

ip ospf network broadcast ip ospf priority 1

atraso 1000

tunnel source Ethernet0 tunnel mode gre multipoint tunnel key 100000

proteção de túneis ipsec perfil vpnprof

!

Interface Ethernet0

endereço ip 172.17.0.5 255.255.255.0!

Interface Ethernet1

endereço ip 192.168.0.2 255.255.255.0!

router ospf 1 rede 10.0.0.0 0 0.0.0.255 área 1

rede 192.168.0.0 0.0.0.0.255 área 0

Roteador Spoke1

versão 12.3!

nome do anfitrião Spoke1!

crypto isakmp policy 1 authentication pre-share

crypto isakmp key cisco47 address 0.0.0.0 0.0.0.0.0!

crypto ipsec transform-set trans2 esp-des esp-md5-hmac mode transport!

crypto ipsec profile vpnprof set transform-set trans2!

interface Tunnel0 largura de banda 1000

endereço ip 10.0.0.11 255.255.255.0

ip mtu 1400

teste de autenticação ip nhrp

ip nhrp map multicast 172.17.0.1 ip nhrp map 10.0.0.1 172.17.0.1 ip nhrp map multicast 172.17.0.5 ip nhrp map 10.0.0.2 172.17.0.5 ip nhrp network-id 100000

ip nhrp holdtime 300

ip nhrp nhs 10.0.0.1 ip nhrp nhs 10.0.0.2

ip ospf network broadcast ip ospf priority 0

atraso 1000

tunnel source Ethernet0 tunnel mode gre multipoint tunnel key 100000

proteção de túnel ipsec perfil vpnprof!

interface Ethernet0 endereço ip dhcp!

Interface Ethernet1

endereço ip 192.168.1.1 255.255.255.0!

router ospf 1

rede 10.0.0.0 0.0.0.255 área 1

rede 192.168.1.0 0.0.0.255 área 1

(K. CLEMENT - F. Rico; janeiro de 2016; 6)

Note-se que as configurações de todos os routers em estrela são muito semelhantes. As únicas diferenças são os endereços IP nas interfaces locais. Isto é útil quando se implementa um grande número de routers em estrela.

Conclusão

Para concluir a nossa investigação, constatamos que a solução DMVPN fornece a funcionalidade adicional para escalar melhor as grandes e pequenas redes VPN IPSec.

O DMVPN permite uma maior escalabilidade em VPNs IPsec de malha global ou parcial e é particularmente útil quando o tráfego de spoke para spoke é esporádico (por exemplo, cada spoke não está constantemente a enviar dados para todos os outros spoke). Isto permite que qualquer spoke envie dados diretamente para qualquer outro spoke, desde que exista conetividade IP direta entre os spokes. O DMVPN também suporta nós IPsec com endereços atribuídos dinamicamente. Isto aplica-se tanto a redes em estrela como a redes em malha, que podem exigir que a ligação em estrela esteja constantemente ativa. O DMVPN simplifica o processo de adição de nós VPN; isto significa que, ao adicionar um novo router em estrela, basta configurar o router em estrela e ligá-lo à rede (no entanto, poderá ser necessário adicionar informações de autorização ISAKMP para o novo hub spoke). O hub ficará a conhecer dinamicamente o novo spoke e o protocolo de encaminhamento dinâmico propagará o encaminhamento para o hub e quaisquer outros spokes. O DMVPN reduz o tamanho da configuração necessária em todos os routers da VPN. O DMVPN utiliza GRE e, por conseguinte, suporta o multicast IP e o tráfego de encaminhamento dinâmico através da VPN. Isto significa que pode ser utilizado um protocolo de encaminhamento dinâmico e que o protocolo de encaminhamento pode suportar "concentradores" redundantes. As aplicações multicast também são suportadas.

A DMVPN também suporta a transmissão de túneis partilhados.

CONCLUSÃO GERAL E RECOMENDAÇÕES

Conclusão Geral

Este trabalho é constituído principalmente por pormenores das nossas actividades durante o estágio no departamento de Redes do Gabinete de Centralização Geomática. No primeiro capítulo, que é a introdução, fizemos uma breve história da preparação que recebemos na UEA, uma breve descrição da empresa onde realizámos o nosso estágio e a razão pela qual escolhemos a área em que estávamos a realizar o nosso estágio. A nossa participação em vários projectos é também descrita em pormenor neste capítulo. No terceiro capítulo, falamos de um pequeno projeto que realizámos no final do nosso curso. Durante o nosso estágio, tivemos a oportunidade de trabalhar em diferentes aspectos, utilizando diferentes ferramentas. O trabalho que realizámos foi muito enriquecedor e teve um impacto positivo na nossa experiência profissional, tanto em termos técnicos como em termos humanos. Parte do nosso estágio permitiu-nos aprender mais sobre o funcionamento dos servidores, o que também faz parte da nossa área. Durante o resto do curso, aprendemos muito sobre a conceção de redes complexas, o estudo da topologia de redes e a configuração, implementação e manutenção dessas redes. Durante o estágio, estivemos muito envolvidos nos trabalhos realizados na empresa, o que nos permitiu pôr em prática uma grande parte da teoria aprendida na universidade e aprender novas práticas que não tínhamos podido estudar na universidade. O trabalho em equipa e a utilização de novas técnicas permitiram-nos integrar o grupo de trabalho e ver o que é o trabalho de um engenheiro numa empresa.

Recomendações

Não podemos concluir este trabalho sem fazer um certo número de recomendações aos interessados, com vista a melhorar o nosso trabalho e a explorar alguns pontos que não pudemos explorar.

Para o Governo

Facilitar a ligação das universidades e das empresas a fornecedores de serviços Internet fiáveis e de alta velocidade, para que possam aceder aos recursos da empresa através da Internet a partir de qualquer local sem terem de se deslocar, e facilitar o acesso a novos equipamentos.

Na Universidade Espoir d'Afrique

A Universidade Espoir d'Afrique é uma das instituições de referência do Burundi e é reconhecida pela qualidade do seu ensino. Recomendamos-lhe que crie parcerias com empresas nacionais para que os seus estudantes deixem de ter de lutar para encontrar trabalho. Mas também que crie um laboratório informático atualizado para facilitar a prática e a investigação no domínio da tecnologia. Recomendamos também que os professores possam apresentar sempre aos futuros engenheiros trabalhos como este, mas também que procurem orientar os alunos passo a passo para que o trabalho seja realizado corretamente e para que possam apresentar este projeto a outros engenheiros para ser melhorado, e que acompanhem os estagiários onde quer que façam o estágio.

Ministério das Finanças e BCG

Recomendamos que o departamento técnico deste edifício se organize para ter mais de 2 supervisores para acompanhar os estagiários e para ter um programa especial de supervisão . Tendo em conta que se trata de uma rede complexa e que corresponde aos padrões das grandes redes, recomendamos que aceitem sempre candidaturas a estágios nesta área e que dêem aos estagiários acesso aos recursos necessários ao desenvolvimento das suas competências, sugerindo ainda que seja dada a oportunidade aos estagiários de participarem na resolução de algumas avarias que possam ocorrer no sistema para o departamento de manutenção. O diretor da empresa deve também envolver-se e considerar que também é responsável pelos estagiários, para que possa assumir a responsabilidade pelo seu desenvolvimento.

Para as empresas

Dado que o domínio da tecnologia é difícil de dominar sem prática, recomendamos que as empresas respondam favoravelmente aos estudantes que queiram fazer um estágio e lhes dêem a oportunidade de aceder aos recursos de que necessitam, bem como lhes proporcionem uma boa supervisão para os ajudar a adquirir uma boa experiência profissional.

Aos futuros estagiários e investigadores

Recomendamos aos estudantes que escolham cuidadosamente a sua área de estágio, uma vez que a escolha correta contribuirá muito para que o estágio decorra sem problemas. O conhecimento necessário da área permitirá ao estagiário saber o que perguntar para reforçar os seus conhecimentos, mas também lhe dará a oportunidade de realizar um projeto no seu próprio interesse e no da empresa.

LISTA DE REFERÊNCIAS

Livros e obras

DIATOU DABO, GLORIA YAKETE, SADA DEM; apresentação : Rede Privada Multiponto Dinâmica (DMVPN); 2014

Diretion de l'informatique du Ministère des Finances ; Document du Réseau Informatique Ganaël Laplanche ; Samba 3 training ; 2010

K. CLEMENTE - F. Rico; Comandos Cisco, CCNA Exploration (Revisto); janeiro de 2016

VPNs IPSec multiponto dinâmicas (utilização de GRE multiponto/NHRP para alargar a VPN IPsec)

Memórias

Eric SHABANI BAHATI; Criação de uma rede VPN numa empresa, o caso da BRALIMA Sarl na RDC; 2011

Sítio Web

http://www.sp-bcg.gov.bi/ http://www.Wikipédia.fr

Printed by Books on Demand GmbH, Norderstedt / Germany